1846 15 Janvier

CATALOGUE

D'UNE COLLECTION

DE TABLEAUX

ANCIENS

PAR

ALEXIS (WÉRY)

PEINTRE-EXPERT.

Vente du 15 Janvier 1846.

PARIS

IMPRIMERIE ET LITHOGRAPHIE DE MAULDE ET RENOU.

RUE BAILLEUL, 9 ET 11, PRÈS DU LOUVRE.

1845   1846

CATALOGUE

D'UNE

INTÉRESSANTE COLLECTION

DE

TABLEAUX

ANCIENS,

des Écoles Française, Italienne, Flamande, Hollandaise
et Allemande,

DONT LA VENTE AURA LIEU, AUX ENCHÈRES PUBLIQUES,

Le jeudi 15 janvier, à une heure,

HOTEL DE VENTES MOBILIÈRES,

RUE DES JEUNEURS, N. 16,

SALLE N. 3,

Par le ministère de M⁰ PRESSÉ, Commissaire-Priseur,
successeur de M. BENOU, rue Taranne, 11,
Assisté de M. Alexis WÉRY, Peintre-Expert, rue Bleue, 26,
Chez lesquels se distribue le présent Catalogue.

EXPOSITION PUBLIQUE

Le mercredi 14 janvier 1846, de midi à 4 heures.

PARIS.

IMPRIMERIE ET LITHOGRAPHIE DE MAULDE ET RENOU,
Rue Bailleul, 9 et 11, près du Louvre.

1846   1846

CONDITIONS DE LA VENTE.

Les acquéreurs paieront comptant, et 5 pour cent en sus du prix des adjudications, applicables aux frais.

DÉSIGNATION
DES TABLEAUX.

ÉCOLE GOTHIQUE.

1 — Sujet mystique représentant la Vie de Jésus-Christ. Cette peinture remarquable par sa conservation est un objet curieux et intéressant ; elle peut par sa nature prendre rang parmi les curiosités qui constatent dans les cabinets les époques primitives et qui aident aux recherches sur l'histoire de l'art. Nous croyons pouvoir présenter ce tableau comme étant de cette école russe qui s'est signalée un instant à la suite des Byzantins. (Bois.)

TINTORET.

2 — Le Sacrifice de Melchisedech : fort belle esquisse du tableau que l'on voit à Venise dans l'église de Saint-Roch, c'est une œuvre d'artiste d'une belle couleur.

URI (de Schaffhouse).

3 — Portrait à mi-corps du peintre par lui-même.

ÉCOLE ESPAGNOLE.

4 — Saint Jean-Baptiste et son Mouton dans un paysage.

ECOLE ITALIENNE.

5 — Assomption de la Vierge; composition de belle couleur et capitale en figures.

DOMINIQUIN (attribué au).

6 — La Danse des Amours : réunion sur le premier plan d'un paysage de plusieurs amours qui dansent en se tenant par la main.

CANO (Alonzo).

7 — Jésus-Christ au jardin des Olives. Tableau à effet et d'un bon coloris.

FRANCIA.

8 — La Vierge, sainte Madelaine, l'enfant Jésus et saint Jean : ces quatre personnages groupés et vus à mi-corps, se détachent en lumière sur un fond de paysage et sur une

draperie verte; les chairs sont d'un beau modelé, et les draperies d'un ton vigoureux et transparent. (Bois.)

PORDENONE (Gio-Antonio) LICINIO.

9 — Portrait à mi-corps du doge de Venise MARINO FALIERO. C'est vers la fin de sa carrière que le portrait de cet homme célèbre a été peint : on le voit assis sur le trône ducal revêtu du costume souverain; la main gauche tient serré un rouleau de papier, et la droite s'appuye sur le bras du fauteuil. La physionomie de ce doge est vénérable, elle est empreinte de grandeur, de calme et de pénétration. Nous annonçons ce portrait comme une production capitale et comme un objet auquel son importance réserve sans doute une place distinguée dans un cabinet de portraits historiques.

COELLO (Claudio).

10 — Portrait à mi-corps d'un jeune prince de la famille royale d'Espagne. Cet enfant en costume de cour est représenté debout, la main gauche appuyée sur la garde de son épée et la droite sur la hanche.

VELAZQUEZ (don diégo de Sylva).

11 — Portrait en buste du prince frère de Phi-

lippe IV, roi d'Espagne, commandant les armées de la Péninsule dans les Flandres, il porte l'écharpe verte en sautoir comme insigne de sa qualité.

ANDRÉA DEL SARTO.

12 — Jésus-Christ, jardinier, et sainte Madeleine : Celle-ci est agenouillée devant Jésus-Christ dans une attitude suppliante. La physionomie du Fils de Dieu exprime la douceur et l'indulgence. Ce tableau de la première manière du maître est sur un panneau d'une grande épaisseur.

PÉRUGIN (Pierre).

13 — Sainte famille : la Vierge et saint Joseph au premier plan d'un paysage, examinent avec sollicitude l'enfant Jésus assis lisant dans un livre qu'il tient des deux mains. Ce tableau sur bois est d'une qualité remarquable.

MENGS (Raphaël).

14 — Portrait en buste de l'artiste. La beauté de ce portrait et l'intérêt historique qui s'y rattache en font encore un objet destiné à une collection spéciale.

DU MÊME.

15 — Portrait en buste d'un moine en habit de franciscain.

GRANET.

16 — Intérieur d'un édifice gothique où l'on voit la reine Blanche rachetant des captifs. Ce tableau capital provient de la première vente Laffitte (salle Vivienne).

VAN DYCK (en Italie).

17 — Sainte Famille. Saint Joseph contemple avec amour l'enfant Jésus endormi sur les genoux de la sainte Vierge.

PARMIGGIANINO.

18 — L'amour fabricant un arc. Composition empruntée au Corrège, et dont on connaît l'estampe. (Bois.)

LÉONARD DE VINCI (attribué à).

19 — La Vanité. Figure emblématique sous l'aspect d'une jeune femme tenant délicatement une petite fleur qu'elle contemple d'un air dédaigneux. (Bois.)

ECOLE GENOISE.

20 — Portraits en buste de trois personnages, homme, femme et enfant.

ÉCOLE VÉNITIENNE.

21 — Repos de la sainte Famille. Sur le devant d'un paysage italique, les divers personnages de la sainte Famille forment un groupe intéressant; deux anges au dessus d'eux voltigent dans les airs.

GUIDO RÉNI.

22 — Sainte Catherine en buste.

RUBENS (d'après).

23 — Triomphe de Sylène. Esquisse de petite dimension.

MANZ.

24 — Paysage, effet de neige. Le site offre à la vue un immense canal glacé sur lequel s'exercent au patin et au traîneau nombre de paysans hollandais.

ÉCOLE ESPAGNOLE.

25 — Sainte Famille composée de la Vierge, l'enfant Jésus et le petit saint Jean. Production gracieuse et d'un bon coloris.

KLUMP.

26 — Pâturage et bestiaux. Au premier plan d'un paysage bordé à droite d'arbres touffus et élégants, sont reposés, sous la garde d'un berger, plusieurs vaches et moutons. (Bois.)

HOBBÉMA (style de).

27 — Paysage hollandais. Vue en perspective de la route qui conduit de La Haye à Scheweningen. (Bois.)

GREUZE (attribué à).

28 — Buste de jeune femme en négligé du matin. Pastel portant la signature du maître.

CARRACHE (Annibal).

29 — Jésus-Christ lié et maltraité par les soldats juifs. Petit tableau sur bois dont on trouvera l'estampe collée au verso.

POUSSIN (Nicolas).

30 — Amphitrite sur les eaux. Charmante petite esquisse sur cuivre.

ECOLE ITALIENNE.

31 — Bacchus jeune. Figure mythologique en pied. (Bois.)

DU MÊME PEINTRE.

32 — Vulcain. Autre figure en pied ; pendant du précédent tableau. (Bois.)

ÉCOLE FLAMANDE MODERNE.

33 — Paysage pittoresque avec moutons sur la route. Tableau fin de ton et vivement éclairé. (Bois.)

RUYSDAEL (d'après Jacques).

34 — Vue prise au bord de la Meuse, et représentant des moulins à vent, des arbres et des fabriques sur la rive gauche de ce fleuve, aux environs de Dordrecht. C'est une copie faite avec talent et sentiment. (Bois.)

TOURNIÈRES.

35 — Portrait presque en pied d'un géographe dans son cabinet. Ce personnage, d'une physionomie intelligente, spirituelle et ouverte, est vu assis dans un fauteuil, et semble occupé à des travaux de science.

LARGILLIÈRE (attribué à).

36 — Portrait en buste du grand dauphin. Il est en costume de guerre et porte en sautoir un large cordon.

PORBUS (François).

37 — Portrait presque en pied du roi Henri IV. Ce monarque est vu debout la tête tournée de trois quarts ; il appuie la main gauche sur la hanche et la droite sur un meuble. Son costume noir est d'une grande simplicité, et il porte, retombant sur sa poitrine, la décoration du Saint-Esprit.

DU MÊME.

38 — Portrait presque en pied de la reine Marie de Médicis, épouse de Henri IV. Comme le précédent, dont il fait pendant, ce portrait est vu debout, la tête de trois quarts et faisant face au portrait du roi. Le costume est formé d'étoffe noire très riche et brodée de soie, d'or et de perles. La couleur sombre de cette robe fait ressortir plus éclatantes la fraicheur du teint et la blancheur de la peau.

ECOLE GOTHIQUE ESPAGNOLE.

39 — Madone. Ex voto.

LAHYRE (Laurent de).

40 — Paysage de style à l'instar du Claude. Tableau en mauvais état.

GUASPRE POUSSIN.

41 — Paysage de style et de riche composition. figures par Michel-Ange Cerquozzi. Tableau de belle qualité.

DU MÊME.

42 — Paysage de style à l'instar du Poussin.

DU MÊME.

43 — Autre paysage de style à l'instar de Salvator Rosa.

DU MÊME.

44 — Autre paysage de style à l'instar de Salvator Rosa.

DU MÊME.

45 — Autre paysage de style dans le même genre.

SWAGERS.

46 — Petite marine : temps calme. (Bois.)

DU MÊME

47 — Autre petite marine, pendant de la précédente. (Bois.)

CRAYER (Gaspard de).

48 — Job sur son fumier. Il est tourmenté par les démons et injurié par sa femme.

DELACROIX (d'après).

49 — Bacchante. Figure de grandeur naturelle portant des fleurs. Moderne.

DIETRICH (d'après).

50 — Intérieur flamand. Moderne.

ECOLE ITALIENNE.

51 — Vision de deux saints.

ECOLE FLAMANDE.

52 — Adoration des bergers. Moderne.

ECOLE MODERNE.

53 — Le docteur Faust dans son laboratoire.

GUASPRE (d'après).

54 — Vue d'une forêt. Copie moderne.

JOUVENET (d'après).

55 — Jésus guérissant les pestiférés. Estampe encadrée.

POUSSIN (Nicolas).

56 — Assomption de la Vierge. Petite esquisse pleine de sentiment.

VAN DYCK (style de).

57 — Portrait en buste d'une dame flamande.

CHARDIN.

58 — Intérieur.

VANLOO.

59 — Portrait du roi Louis XV.

STELLA (Jacques).

60 — La Vierge et l'enfant Jésus.

PRÉVOST (signé).

61 — Bouquet de fleurs.

RIGAUD.

62 — Portrait du peintre par lui-même.

ÉCOLE FRANÇAISE.

63 — Portrait de dame.

MEULEN (Vander).

64 — Le siége de Namur.

DESPORTES.

65 — Oiseaux de basse-cour surpris par un renard.

LAWRENCE.

66 — Le déserteur faisant ses adieux à sa fiancée; celle-ci tombe évanouie en lui apportant sa grâce.

VERNET (école de Joseph).

67 — Le coup de vent. Paysage.

SWANEWELDT (ou Herman d'Italie).

68 — Paysage de style.

ECOLE FRANÇAISE.

69 — Portraits présumés de la famille royale de Louis XVI.

PARMIGGIANINO.

70 — Vénus endormie et l'Amour.

GREUZE.

71 — Portrait d'un jeune Marquis. (Pastel.)

LEBRUN (Mme).

72 — Réunion d'une famille dans le jardin des Tuileries.

BOUCHER.

73 — Vénus couchée et l'Amour.

NATTIER (Marc).

74 — Portrait à mi-corps d'une dame.

VANLOO.

75 — Portrait du grand Dauphin.

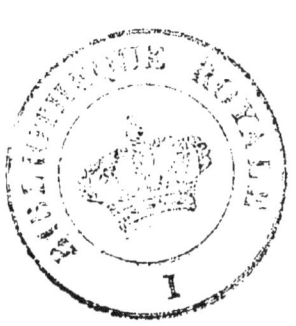

LE CABINET

DE

L'AMATEUR ET DE L'ANTIQUAIRE

REVUE MENSUELLE

PUBLIÉE PAR MM. EUGÈNE PIOT ET FRÉDÉRIC VILLOT.

3ᵉ Année.

Ce recueil paraît tous les mois par livraisons de trois feuilles (48 pages) grand in-4° avec planches et illustrations dans le texte. Outre des eaux fortes de MM. EUG. DELACROIX, TH. CHASSERIAU, L. MEISSONIER, ÉMILE WATTIER, etc., nous citerons parmi les travaux déjà publiés les articles suivants :

Sur l'étude des vases antiques par M. CH. LENORMANT. — Des faussaires en médailles, Jean Cavino et Alex. Bassiano Padouans (1ʳᵉ *partie*), par M. de MONTIGNY. — Considérations sur les graveurs en médailles et en pierres fines de l'antiquité, par M. RAOUL-ROCHETTE. — De l'architecture militaire au moyen âge, par MM. MÉRIMÉE et AB. LENOIR (*orné de 120 gravures sur bois*).

Histoire de la vie et des ouvrages de Bernard Palissy, par M. EUG. PIOT. — Description de quelques monuments émaillés du moyen âge, par M. DE LONGPERIER. — Histoire des armes de guerre, Panoplie antique et moderne, par M. GRANIER DE CASSAGNAC. — Traité d'orfévrerie de *Benvenuto Cellini*, traduit pour la première fois par M. EUG. PIOT. — Histoire du verre et des vitraux peints, par M. L. BATISSIER. (*Travail étendu, orné de dix planches de vitraux coloriés.*) — Exposition de l'industrie française *Orfévrerie et fonte des bronzes*, par M. FRÉD. VILLOT.

De la distinction des copies et des originaux en peinture, par M. TH. GAUTIER. — Réflexions sur la manière d'étudier la couleur, par J.-B. OUDRY (*manusc. inédit*). — Hubert et Jean Van Eyck, par M. V. SCHOELCHER. — Journal de voyages, correspondances et mémoires inédits D'ALBRECHT DURER. — David Teniers, par M. ARSÈNE HOUSSAYE. — Claude Gelée, dit le Lorrain, par M. EUG. PIOT. — Collection de tableaux de Charles Iᵉʳ, roi d'Angleterre, par M. KONRAD. — Catalogue général des ouvrages de peinture exposés au salon du Louvre depuis l'origine en 1699 jusqu'à 1789.

CATALOGUES RAISONNÉS des estampes gravées par Claude Lorrain, Raph. Morghen, Francisco Goya y Lucientes, Valentin Lefebre, etc., etc., et un grand nombre d'articles relatifs à la *biographie*, à la *numismatique*, aux *tableaux*, aux *estampes* anciennes, à la *curiosité*, et un *compte-rendu* très détaillé des *ventes publiques* de la France et de l'étranger. (Prix d'adjudication.)

ON S'ABONNE A PARIS, RUE LAFFITTE, 2.

PRIX : Pour Paris, 20 francs; pour les départements, 22 francs.

DUCHATEL, Porteur de Catalogues,
Rue du Rocher, 13.

www.ingramcontent.com/pod-product-compliance
Lightning Source LLC
Chambersburg PA
CBHW030112230526
45471CB00003B/1389